美畫東南

钱一呈 编著

东南大学出版社
SOUTHEAST UNIVERSITY PRESS
·南京·

内容简介

本书以东南大学四牌楼校区的历史文化地标、杰出人物及重要事件为主要内容，通过十五个篇章细腻描绘了六朝松、梅庵、孟芳图书馆、体育馆等场所及其背后的故事，深刻展现了东大的历史底蕴和文化精神，并融入了作者这些年对东大精神的理解与感悟。书中配有精美的校园图片，生动再现校园风光，既是一次对东大历史的重温，也是为校友及所有关心东大的读者准备的一份视觉盛礼。

图书在版编目（CIP）数据

美尽东南 / 钱一呈编著. -- 南京：东南大学出版社，2024.5
　　ISBN 978-7-5766-1433-6

Ⅰ. ①美…　Ⅱ. ①钱…　Ⅲ. ①东南大学 – 校史　Ⅳ. ① G649.285.31

中国国家版本馆 CIP 数据核字（2024）第 108834 号

美尽东南
Mei Jin Dongnan

编　　著	钱一呈
出版发行	东南大学出版社
出 版 人	白云飞
社　　址	南京市四牌楼 2 号　邮编：210096
网　　址	http://www.seupress.com
责任编辑	王　晶
责任校对	李成思
封面设计	有品堂_刘俊
责任印制	周荣虎
印　　刷	南京艺中印务有限公司
开　　本	787 mm×1092 mm　1/16
印　　张	10.5
字　　数	81 千
版　　次	2024 年 5 月第 1 版
印　　次	2024 年 5 月第 1 次印刷
书　　号	ISBN 978-7-5766-1433-6
定　　价	80.00 元

本社图书若有印装质量问题，请直接与营销部调换。电话（传真）：025-83791830

"美尽东南"出自《滕王阁序》"宾主尽东南之美"。1921年夏,南高师/东大第二届暑期开学,大会堂前悬挂一块用石绿色作底的金字牌匾,上书"美尽东南"四个大字,由柳诒徵教授题写。

东南大学四牌楼校区（园）

东南大学四牌楼校区（园）（东南大学老校区，国立中央大学旧址），位于江苏省南京市玄武区四牌楼2号，从1902年三江师范（后为两江师范）开始，经历了南京高等师范学校、国立东南大学、国立中央大学，1949年以后更名为南京工学院，1988年复名为东南大学。2006年，四牌楼校区（园）以"中央大学旧址"的名义，被列入第六批全国重点文物保护单位，2016年入选首批"中国20世纪建筑遗产"名录。

"中央大学旧址"包括南大门、大礼堂、老图书馆（孟芳图书馆）、科学馆（健雄院）、生物馆（中大院）、体育馆、金陵院、工艺实习场、梅庵、六朝松。旧址上现存的建筑遗存，主要建于国立东南大学和国立中央大学时期，悉为西方古典复兴式样，用柱式、山花等构图，贴近功能需求。体育馆、科学馆、孟芳图书馆等，代表了当时东亚校园建筑的前沿水平。

前言

东南大学四牌楼校区（园）是中国最美的高校校园之一，古朴厚重，宁静优雅。民国的建筑群以大礼堂为中心，沿着从南大门到大礼堂主轴线的两侧，依次对称排列，错落有序。在绿草坪和梧桐道的分合下，校园中的各部分彼此独立又相互连通，形成了整体统一，而又自由开放、个性鲜明的校园格局。行走其间，目清心静，有沐春风之爽。

"文化遗产是有生命的，这个生命充满了故事。"老干翠羽的六朝松，有着建康太学、大明国子监的高士古风，那是校园深厚的历史底蕴，文脉的源头。"嚼得菜根，做得大事"是东大校史上的第一个校训，留下了两江师范学堂和李瑞清（梅庵）先生的足迹。孟芳图书馆虽以孟芳冠名，却是郭秉文校长呕心沥血、多方奔走的结晶。作为国立东南大学立校的标志性建筑，孟芳图书馆开启了东大近代化的进程，奠定了今日四牌楼校园的风貌。科学馆、生物馆、大礼堂……每一个建筑都有一个故事，记载着一段难忘的岁月。

四牌楼校园的"故事",是一部中国高等教育西学东渐、不断突破自我、走向世界的历史,是老一代有识之士探索教育救国、体育强国、科学报国的奋斗史,成了中国高等教育发展史上的一座重要的里程碑。

"随着时间的流逝,故事成为历史,历史变为文化,长久地留存在人们的心中。"中国和西方,传统和现代,自然与人文,各种文化元素在四牌楼校园里交织、碰撞、融合,形成了自己独特的爱国爱校的校国情怀,或化于形,或化于文,或化于风,细润入心,日积月累,隽永绵长。"美尽东南",四牌楼校园不仅建筑美、景观美,更有深厚的历史和文化之美,成了东大的读史之地、校友的归心之地、学子的"朝圣"之地。

在四牌楼校园,悠久的历史气息,浓厚的文化氛围,陶冶着每个人的性灵。它用形象而又生动的3D语言与你对话交流,给你思想"丰富的营养"。这是一本永远"读"不完的大书,用历史启示着今天和未来,让每个人产生理性的思考和感悟。在四牌楼校园工作的十多年里,它给了我许多的触动和感动,让我受益匪浅,尤其是它代表的东大先贤们"以天下为己任"的"士"气和风范,一直是我精神上的榜样和追求。随着时间的推移,自己对四牌楼校园的理解和怀念也日渐浓烈，于是有了把它们写出来与大家分享的愿望，以此表达自己对东大和前辈们的深深敬意。

相比那些与四牌楼校园相关的文章、论文、专著，自己的这些随笔更像是一篇篇"读后感"。我本有心写明月，奈何笔拙月不圆，对书中的谬误和不足之处，还请读者们批评指正。

百年东大四牌楼，千年文脉六朝松。
灼灼其华耀江左，生生不息传薪火。
江南学苑不胜数，梅庵游园占鳌头。

历史的辉煌和无数的故事，使四牌楼校区（园）成为东大永远的根。

2024 年 3 月于北京

目录

1 千年文脉地 　　　　　　　　　　　　／01

2 六朝松礼赞 　　　　　　　　　　　　／13

3 情寄六朝松 　　　　　　　　　　　　／21

4 "瑞""清"梅庵 　　　　　　　　　　　／31

5 梅庵琴缘 　　　　　　　　　　　　　／43

6 红色历史中的梅庵 　　　　　　　　　／53

7 东大第一馆 　　　　　　　　　　　　／61

8 强健东大 　　　　　　　　　　　　　／75

9	泰戈尔演讲的风波	/ 87
10	生物（系）馆之回眸	/ 95
11	大礼堂拾撷	/ 105
12	"大放光明"的科学馆	/ 115
13	谢了幕的工艺实习场	/ 125
14	南大门上风云	/ 135
15	1933 年的主轴线	/ 147

写给

天下东大人

01

千年文脉地

 美尽东南

雷次宗

　　雷次宗（386年—448年），字仲伦，豫章（今江西南昌市）人，南朝刘宋时期教育家、佛学家。两次受皇帝之请，到京城（今南京）讲授儒学。他创立的分科教学是后代分科大学的开端。

01 千年文脉地

　　东南大学四牌楼校区位于南京市区,北依鸡笼山,与鸡鸣寺、玄武湖相望,东邻珍珠河,为成贤街、四牌楼、进香河路所环绕。校园内树木葱茏,古朴典雅,犹如一块镶嵌在山水中的绿翡翠,闪耀着迷人而深邃的光彩。四牌楼校区不仅环境优美,更是有着千年历史和文化积淀的学府之地。

　　从公元317年开始,它就是东晋、南朝建康太学的一部分。公元438年,宋文帝召大教育家雷次宗在此开馆讲学,设立儒学、玄学、史学、文学、阴阳学五馆,分馆研学,开启了中国乃至世界高等学府分科制的先河。这是历史上在四牌楼校园建立的第一所大学,至今已有1 500多年。

　　建康太学推动了南朝在文化和自然科学上的繁荣,如文学上刘勰的《文心雕龙》、萧统组织编写的《昭明文选》，史学上范晔的《后汉书》，自然科学上祖冲之的《大明历》《缀术》和圆周率的计算，以及指南车的再造，都在中华文明史上留下了光辉的篇章。建康太学曾被人们誉为"府学圣地"，是中国历史上高等学府的发祥地之一。

公元589年，隋文帝派兵渡江灭陈，建康太学毁于兵火，办学中断，但它却留下了两笔重要的遗产：一是办学的理念和成果，二是办学的遗址。前者成为历史的永恒，流传后世；后者则为后来的办学者留下了一块兴学的"风水宝地"，延续的根基，成为东南大学文脉地理的原点。

隋灭陈700多年后，朱元璋建都南京，决定建立新的中央学府大明国子监，其地点就选在鸡笼山下建康太学的遗址上，四牌楼校园也在其中。

明洪武十五年（公元1382年）国子监建成，"延袤十里，灯火相辉"，规模宏大，气势非凡，是当时世界上规模最大的皇家高等学府。鼎盛时建有四座牌楼（"四牌楼"由此得名），国内外监（士）生近万人。通往国子监的道路上，准入仕途的士子们络绎不绝，故被称为"成贤街"。

"国学堂堂，多士跄跄。"南京大明国子监"集四方学子"以教之，文昌学兴，与四牌楼、成贤街共同构成了盛极一时的教育文化圈，既充满人文品位和雅致的熏风，又激励着一代代士子们"晨兴勤苦"，树志彰名，建功立业。这里走出了郑成功、汤显祖，修编了世界有史以来最大的百科全书《永乐大典》，是继建康太学之后，在鸡笼山下的又一次办学辉煌。

明成祖迁都北京后，大明国子监改称南京国子监，不再有中央学府的地位。清军占领南京后的顺治七年（1650年），又将南京国子监改为江宁学府，从"国立"降为"省属"。在咸丰年间的太平天国战争中，此江宁学府被彻底摧毁，荡然无存，落下了帷幕。

1902年，在南京国子监被毁40多年后，清末两江总督刘坤一、张之洞在南京北极阁下的大明国子监废址上，创建了三江师范学堂（后易名为两江师范学堂）。新校园建有一字房、田字房、口字房等"洋楼"建筑，操场、实验室、工场一应俱全，"规模宏大，壮丽宽广"，有了四牌楼校园今天的雏形和空间。

两江师范学堂在辛亥革命次年（1912年）停办。

两江师范学堂校标　　　　国立东南大学校标

在不到10年的时间里,共培养了近200名毕业生,学生成绩为江南的各高等学校之冠,著名生物学家秉志、国学大师胡小石、陈中凡,国画大师张大千,均毕业于该学堂。两江师范是中国近代最早设立的师范学校之一,创设了中国高校第一个图画手工科,为江南三省培养了一大批优秀的中小学教师,为该地区和中国近现代教育事业的发展发挥了重要的作用,成为"中国师范学堂之嚆矢"。

1915年,在两江师范停办3年后,南京高等师范学校(简称"南高师")在其旧址上正式成立。1920年经时任南高师校长郭秉文提议,又在南高师校址和南洋劝业会旧址上建立了国立东南大学,成为长江以南唯一的一所国立大学,与国立北京大学共同成为当时中国高等教育的两大支柱。

国立东南大学"所设文史地部、数理化部皆极整

国立中央大学校标

齐",学科之全居全国之首,并在全国高校最早创办了地学系、生物系、数学系等一批现代学科,被誉为"中国自然学科的发祥地"。学科各具特色,拥有国内一流的学术领军人才,如理科的竺可桢、秉志、熊庆来,工科的周仁、茅以升,商科的杨杏佛、马寅初,教育科的陶行知,文科的柳诒徵、梁实秋、张士

中国科学社第一届董事会(1915年10月25日)
后排左起:秉志、任鸿隽、胡明复
前排左起:赵元任、周仁

美盡東南

一等；培养出吴有训、严济慈、赵忠尧、金善宝、王家楫、吕叔湘等一大批杰出人才。东南大学大师云集，人才辈出，并"以科学名世"。美国著名教育家孟禄经考察后认为，东南大学"为中国政府设立的第一所有希望的现代高等学府"。

东大时期建造的图书馆、科学馆和体育馆，以及根据东大校园规划，在中大时期建设的大礼堂、生物馆，最终形成了今日四牌楼校园的基本格局和风格。校园庄重大气的民国风貌，虽经百年但依然如初，

石雕螭首

沁人肺腑，成为东南大学历史文化中最亮丽的底色。

今日四牌楼校园，建康太学的六朝松，南京大明国子监石雕螭首，代表清末两江师范的梅庵，民国初年的南高师工艺实习场，东大、中大时期的民国建筑，不仅是历史留下的一个个印记，也是鸡笼山下办学文脉的一个个坐标。

东南大学校标

厚积薄发气自华。东南大学悠久厚重的历史文化底蕴，不只限于四牌楼校园的文物，更有它穿越古今、无处不在的教好书、读好书、做好学问的浓郁氛围。建康太学淡泊名利、潜心研学的国士之风，大明国子监学子"晨兴勤苦"的读书声，两江师范"嚼得菜根，做得大事"的救国之志，乃至东大"止于至善"对卓越的追求，都在岁月中演化成了东大优秀的教风、学风、校风，世世代代师生心中的信条，成为一种历史的文化、传承的基因、绵延的文脉。

美盡東南

东南学府地，千年文脉源。东大四牌楼校园的历史是中国高校发展史中的一个传奇，一段辉煌。

古今贤薮兮，鸡鸣寺下。
济济一苑兮，悠远怀长。
止于至善兮，吾道无疆。

02

六朝松礼赞

美盡東南

 美尽东南

吕凤子

吕凤子（1886年—1959年），号凤痴，中国近现代著名画家、书法家、美术教育家，江苏丹阳人。1909年毕业于南京两江师范学堂图工科，曾先后任教于上海美专、国立中央大学、江苏师院，曾任中国美术家协会江苏分会副主席、江苏省人大代表。毕生从事美术教育，刘海粟、徐悲鸿、吴冠中、李可染都曾随其受学。

02 六朝松礼赞

在东南大学四牌楼校区的西北角,有一株干驳叶疏、清癯苍古、满是岁月风霜、枝叶纷披的古柏,它就是有名的六朝松。据传这里曾是六朝(东吴、东晋、宋、齐、梁、陈)宫苑的一部分,六朝松为梁武帝亲手所植,至今已有1 500多年了。

"六朝销废尽,剩此一株松。"公元589年,隋文帝派兵渡江灭陈,诏令"建康城邑宫室,并平荡耕垦"。烜赫一时的六朝宫苑、建康古城,顿时灰飞烟灭,化作故梦。唯有六朝松躲过此劫,存活了下来,成为六朝遗址中的一个奇迹。

六朝松虽得以幸存,却命运多舛,历经磨难。它曾遭"五雷轰顶",树干被劈成两半,后又被白蚁蛀空。2012年的一场大雪,压折了它仅存的树冠,虬枝下垂,成为"秀顶"。如今的六朝松挂着"双拐"(支撑树干的铁杆），打着"石膏"（树干里灌满水泥），骨瘦嶙峋，树叶萧索，遍体鳞伤，如同一位饱经风霜的老者。但它却老而不竭，残而不废，依然遒劲挺拔，气宇轩昂，铮铮风骨，令人景仰。

斑驳的树干，高耸伫立，不佝不偻，如铁铸般的刚强。伞状的虬枝，矫若游龙，又如披肩的长发，风度翩翩，有仙风道骨之气。仅靠树皮输送养分的枝叶，葱郁凝翠，一派生机，俨然王者风范。其生命的神奇，使无数人为之惊叹。

"千磨万击还坚劲，任尔东西南北风。"历史上，六朝松处境恶劣，凶险连连，天灾人祸不断。斑驳黝黑的六朝松，干空树不倒，枝折叶犹青，表现出对命运的不屈，对逆境的抗争，有着顶天立地的

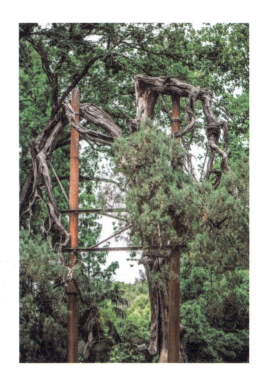

美盡東南

大丈夫气概。身可危，而志不可夺。六朝松顽强的毅力和气节，正是四牌楼校园千年文脉历丧乱而不穷，弱而复强，败而又兴的写照。

六朝松"泰山压顶不弯腰"的骨气和坚定，也是激励东大人和后来者精神力量的源泉。抗战期间，中大西迁，在长途跋涉和办学过程中，广大师生时刻不忘沦陷校园里的六朝松，并以六朝松的风骨和精神鼓舞自己，克服万难，坚持教学，坚持抗战，肩负起民族救亡的重任。此时在人们心中，六朝松是一份家国情怀，是一种历史担当。

从建康太学到大明国子监，再到三江师范学堂，四牌楼校园几经兴废，只有六朝松渡尽劫波，赓续不绝，成为六朝文脉生生不息的象征、活的图腾。苍干老枝记录了历史的沧桑和辉煌，仰天翠羽凝聚了六朝的诗情画意、文韵墨香。古拙虬劲，枝叶盈绿，古意春风的六朝松，有着岁月的烙印，也有着新生命的活

六朝松礼赞

力。树冠低垂,但一律伸向前方,保持着"前进"的姿态。叶片圆润,一颗颗白色的小果粒悬挂在枝叶间,那是历史和文化"丰硕"的景象。"苍松不解语,兀立台城下。六代兴亡事,凭君告来者。"六朝松虽偏于校园一隅,冷寂隐僻,但它丰富的文化传承,却常使人流连忘返,感悟无限。

"齐梁遗韵在,太学令名标",作为鸡笼山下千年办学史的唯一见证者、传承者,六朝松虽然没有胭脂井、台城那样的名气,但它深厚的历史和文化积淀,同样使人慎终追远。

孤高凌霄,有着"仰观宇宙之大,俯察品类之盛,所以游目骋怀"之旷达;天质正直,有着"无人赏高节,徒自抱贞心"之淡泊,一身传统文士之气的六朝松,高雅脱俗,清高独立,成为无数东大人修身养性的追求。作国画《高柏古

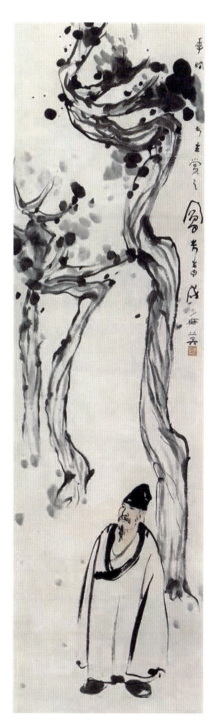

吕凤子《高柏古士》国画,1934年

美畫東南

士》的著名画家吕凤子先生，曾与齐白石、徐悲鸿齐名，但他只"矢志办学"，从不以画争名谋利，举办个人画展的所得也一分未留，全部用于办学，清贫一生。张大千曾感动地说："吕凤子人品高尚，淡泊名利，与世无争，一心办教育，为人师表。"吕凤子先生就是人格化的六朝松，东大"高士"的写照。

劲节六朝松，独自傲天公，虬干无媚骨，苍根有清风。以士寄松，以松喻士。文士贤人的风骨，六朝松的品格，一直是四牌楼校园诗画的风尚。

历史的锤炼，文化的节操，造就了今天的六朝松，它是唯一的，也是不可复制的。它虽不语，却是六朝文化不二的"形象代言者"。它是千年文脉的本源，东南大学精神的"始株（祖）"。它的历史文化价值为校园之冠，无可替代。

六朝松，东大之魂也！

03

情寄六朝松

美盡東南

顾毓琇先生（左三）携家人六朝松下合影

 美尽东南

顾毓琇

顾毓琇（1902年—2002年），字一樵，江苏无锡人，集科学家、教育家、诗人、戏剧家、音乐家和佛学家于一身，中国电机、无线电和航空教育的奠基人之一。中国近代史上杰出的文理大师。1923年自清华学校（清华大学前身）毕业，次年赴美留学，1928年毕业于美国麻省理工学院，是该校第一位获得科学博士学位的中国人。1944年至1945年任国立中央大学校长。"中研院"院士、东南大学名誉教授。

03 情寄六朝松

不问身在何处，处境如何，也不管离开了多久，六朝松就像长在校友们的心上一样，始终是他们不舍的一份牵挂，一份"乡愁"，一份未了的情。

校友顾毓琇（1944年至1945年任国立中央大学校长）。1950年后移居美国，但对四牌楼和母校一直魂牵梦萦，难以释怀。他曾在词《齐天乐·忆南京》中写道："南雍记取，想月影梅庵，风翻琴谱，老干苍松，仰天迎翠羽。"字里行间充满了对六朝松、梅庵和母校深深的眷恋。1979年、1988年和1992年，母校同龄人顾毓琇不顾年迈，数次回访四牌楼校园，并携家人在六朝松下合影，表达他与六朝松一世的情缘。

六朝松、梅庵也是四牌楼校园内的书画之地、琴乐之所，李瑞清、张大千、李叔同等大师都曾在此教授过学生。六朝松不仅是东大艺术文化的重要标识，也是许多校友笔墨丹青中的母校情愫。

1982年12月，张安治校友赴美讲学，其间拜访了王少陵、袁家骝、吴健雄等中大校友。久别重逢，张老赋诗《赠袁家骝、吴健雄伉俪》："台城芳草萌芽早，环宇风云激荡中。真理永为人类宝，天涯应忆六朝松。"忆昔抚今，其中的"天涯应忆六朝松"，充分表达了远在海外的校友，对六朝松，对四牌楼校园深深的怀念和回忆。1984年，张老在作《南京六朝松》巨幅国画时，在题诗中又将"天涯应忆六朝松"改为"天涯常忆六朝松"，"应"改"常"，一字之变，却有"推""敲"之效，将张老等老一辈校友对六朝松"念兹在兹，无日或忘"的拳拳学子之心，殷殷母校之情，更贴切更生动地刻画了出来。画中的六朝松，"劲骨新枝叶更茂"，那是校友对母校永葆青春的期盼。诗画中的六朝松，凝聚了校友们对六朝松、对母校的深厚情缘，

《南京六朝松》国画，1984年
江苏省美术馆藏

东南大学建校一百二十周年首日封邮戳

其中国画大师们的作品,则成为东大艺术宝库中的珍品,成为宝贵的文化遗产。六朝松的形象还曾出现在国立中央大学的校徽和图书馆的藏书票上,以及东南大学建校一百二十周年首日封的邮戳中,成为东大历史象征的图标。六朝松诗画、六朝松图标,这些艺术化了的六朝松形象,有了更丰富的文化内涵和精神气概。"我的心依着你""我的情牵着你"。

"我是你的一片绿叶,我的根在你的土地。"校友们就是六朝松滋养出的片片"绿叶",他们的根就在六朝松脚下,四牌楼校园这块土地上。在这里,六朝松陪伴他们晨读夜学,穷尽求索,在青春的岁月里收获成长,踏上人生的事业之路。"树高千尺不忘根",著名科学家、校友吴健雄先生去世后,纪念馆就建在其母校东南大学四牌楼校园内,与六朝松为伴。

在美国举行的吴健雄纪念物交接仪式上,健雄先生的丈夫,年近九旬的袁家骝校友欣慰地说:"把健雄的纪念物送回祖国,由她的母校保存,是我最大的心愿。"袁家骝、吴健雄校友用"落叶归根"的方式,将健雄先生一生的所有辉煌全部回报了母校，报答六朝松下的教诲，"那是绿叶对根的情意"。

"魂依夭矫六朝松。"六朝松是无数东大校友回到四牌楼的必去之处。哪怕是来去匆匆，也要看上一眼，以了心愿。在他们心中，这儿有当年的风华，也有岁月的蹉跎，有同窗的朝霞，也有惜别的斜阳，六朝松的年轮中，有自己留下的一痕。已有儿孙的校友，会在六朝松下向晚辈们讲述六朝松和校园的故事，鼓励他们努力学习，争取入学东大，薪火相传。也有校友们的后人，或受前辈嘱托，前来谒拜；或追寻前辈的足迹印记，来六朝松下"寻根问祖"，饮水思源。所有的心之所往，情之所至，都在六朝松下得到升华。

美畫東南

"六朝松下听箫韶。"六朝松是人们仰慕六朝先贤的"圣树",它的历史和文化的气质和魅力,深深地感染着每一个前来的人,特别是那些正与它生活在同一个校园的东大学子。作为先贤们地理上的天然传承者,每当想到在这块土地上有过的文华锦绣,一种文化的自豪感和责任感便在东大学子们心中油然而生,成为他们不负韶华的精神动力。六朝松架起了先贤与东大学子们穿越时空、文化贯通的"桥梁",进行着历史的接力和传递,文脉相袭,绵延久长。

情中树,树中情。六朝松就像一部贯穿东大百年的长卷，有两江的梅，东大的诗，中大的梦，南工的路。它将岁月留给了自己，把青翠融进了人心，难以忘怀的深情，浸润了东大的每一个儿女。六朝松情结、六朝松精神、六朝松历史所代表的六朝松文化，是东大最重要的一种人文传承。虬松不语，"下自成蹊"。六朝松下，满眼春晖。

六朝松不仅是东大人精神的图腾，也是南京古城和中华民族精神的象征。巨幅苏绣作品《六朝松》《六朝松与紫金草》的作者，江苏省工艺美术大师、苏绣代表性传承人梁雪芳说："六朝松历经千年，见证了南京的沧桑与辉煌，既能体现南京这座城市的深厚底蕴，与紫金草元素结合，又能表达中华民族在困难面前百折不挠的生命力。"

美盡東南

 美尽东南

张安治

张安治（1911年—1990年），画家、美术史家，江苏扬州人。1931年毕业于国立中央大学艺术科，曾任教于国立中央大学、中国美术学院、北京师范大学。平生举办多次美术作品展，出版《张安治美术文集》《中国画发展史纲要》等画册、著作，其巨幅中国画《南京六朝松》，为江苏省美术馆永久收藏。

04

"瑞""清"梅庵

 美尽东南

李瑞清

李瑞清（1867年—1920年），字仲麟，号梅庵、梅痴、阿梅，江西南昌人，清末民初诗人、教育家、美术家、书法家。曾任江宁提学使，两江师范学堂监督（校长）、江苏布政使等职。中国近现代教育的重要奠基人和改革者，中国现代美术教育的先驱，中国现代高等师范教育的开拓者。

04 "瑞""清"梅庵

梅庵，地处四牌楼校园的西北角，是一座中西风格合璧的独栋平房。米黄色的外墙，灰白色的屋檐、转角线，简洁明快，清爽淡雅。

梅庵始建于1914年，是时任南京高等师范学校（东南大学前身）校长江谦，为纪念两江师范学堂监督（校长），中国近代著名教育家、书法家、美术家李瑞清所建。原建筑是一座草堂，有3间以带皮松木为架的茅屋，代表李瑞清在南京时的3间茅舍之居。草堂周围植以梅树，取李瑞清号，"梅庵"之

茅屋梅庵

梅义。茅屋为典型的农舍式样，节俭而粗朴，寂然而清闲，既显示了李瑞清朴素清贫、不图富贵的形象，又寓意了他在办学、人品和学识三方面的重要建树。草堂挂有李瑞清所定的"嚼得菜根，做得大事"的校训木匾。1933年国立中央大学将茅屋改建成现在的平房，房屋正面挂有著名历史学家柳诒徵题写的"梅庵"匾额，表明了它的历史传承。

"嚼得菜根，做得大事"，既是李瑞清的治学理念和精神追求，也是他一生实践的写照。李瑞清"视教育若生命，学校若家庭，学生若子弟"。他认为："投身教育，不但不可有富贵思想，即名誉思想亦不可有。当如老牧师，除救世外，无他思想。"为办好两江师范学堂，他殚精竭虑，事事亲力亲为：引进先进的教育理念和方法，改革学制、课程与教学；聘请中外名师任教，鼓励学生"言论自由，学术独立"，造就"中国之培根、笛卡尔"。在他悉心的主持下，仅仅六年时间,两江师范从草创成为江南地区声誉最高、规模最大的第一学府,人才辈出,成绩斐然,其形成的"独立思考,崇实务本"的学风和"俭朴、勤奋、诚笃"的校风,对后来百年东大的发展产生了深刻和久远的影响。

作为一校之尊,李瑞清从不以校长自居,而更以"家长"为是,对学生关怀备至。他经常深入课堂、食堂,与学生一起听课、就餐,体察了解"民情"。从自己仅有的津贴中拿出钱资助经济困难的学生,帮助他们完成学业。他虽在政治上效忠于清王朝,但在危急时刻,仍以一己之力,保护了一批反清学生免遭迫害,为社会培养了大批人才,如胡小石、吕凤子、秉志等,皆出其门下。

为与师生同甘苦,李瑞清虽官居四品,但出入学堂从不坐轿,而以步代之,不居洋楼,而安居三间茅舍。衣着简朴,常年仿裘粗葛出入各种场合,怡然自若,如一介平民书生。李瑞清淡泊明志,甘于清贫,以身作则的示范作用,使全校师生深受感召,淳朴之风蔚然"两江",直至今日。

辛亥革命南京光复后,李瑞清执意"不就民国事",而辞去两江师范学堂之职,临行前,他将所管藩库及学堂的十数万银元及清册一一点交清楚,一丝不取，两袖清风而去。其高风亮节、清廉自持的君子之风，令世人敬佩。离开"两江"时，其见有学生衣衫褴褛，随即变卖了自己的车马，并将所得全部发给困难学生，未忘自己视"学生若子弟"的承诺。李瑞清一生从无非"清白钱"，以致他托迹黄冠，隐居上海后，家中"贫至不能给朝暮"，"欲为贾，苦无赀，欲为农，家无半亩地，力又不任也"，只能靠卖字画为继。但即便如此，在当袁世凯篡权后，派人专程送1 000银元请他出山时，他依旧拒绝，拂袖而去，表现了士人"富贵不能淫，贫贱不能移，威武不能屈"的气节，受到后人的广泛赞誉。他在书法、绘画、文学及教育领域做出的杰出贡献，以及他"嚼得菜根，做得大事"的人品，使他成为后世学子的楷模。

李瑞清书写的"一亭俯流水，万竹影清风"与"野竹有高节，灵禽无俗声"两副对联，恰好是他一生人品的写照。

从两江师范学堂的"嚼得菜根，做得大事"，到南京高等师范学校的"诚"，国立东南大学的"诚朴、勤奋、求实"，国立中央大学的"诚、朴、雄、伟"，南京工学院的"严谨、求实、团结、奋进"，再至今日东南大学的"止于至善"，100多年来，尽管校训的内容随时代而不断变化，但其内涵和基调却一以贯之。东大历史上第一个校训"嚼得菜根，做得大事"的理念，已深深扎根在东大的校园，有了深厚的人文底蕴和积淀，潜移默化地影响着每一个东大学子。"一方水土养一方人"，无数的东大人以此校训作为自己的人生信条，成了不畏困苦、为国为民的栋梁之材。

作为历史人物的纪念建筑，一般都会有他的文化呈现，如中山陵孙中山的"天下为公"，杭州岳王庙岳飞的"还我江山"，以表达所纪念人物的精神追求。梅庵所挂的"嚼得菜根，做得大事"的校训木匾，就是李瑞清精神的文化呈现，也是梅庵的根和魂，东大重要的精神文化之源。

绿荫丛中一抹黄。六朝松下的梅庵，既有六朝宫苑的雍容之气，又有李瑞清的高士之韵。东南大学校标就采用了"梅庵黄"作为主色调，表示东南大学与三江师范学堂的一脉传承。"梅庵松老六朝枝"，松"梅"相映，性高质洁，意蕴深远。

"瑞"者，诚信、正直；"清"者，高尚、清廉。"瑞""清"梅庵，永为人师之地。

 美尽东南

嚼得菜根，做得大事

"嚼得菜根，做得大事"是两江师范学堂监督（校长）李瑞清先生1906年为学堂定下的校训，源自明朝洪应明的《菜根谭》。"古人云：'性定菜根香。'夫菜根，弃物也，人多忽之，而菜根之香，非性定者莫喻，唯静心沉玩者，乃能得旨。"李瑞清的同乡，北宋人汪革也曾说过："人常咬得菜根，则百事可做。"校训体现了李瑞清先生对自身、对学堂、对学子、对办学和人才理念的理解和要求。

 美尽东南

止于至善

"止于止善"是今日东南大学之校训,也是国立东南大学首位校长郭秉文先生提出过的校训,出自儒家经典《大学》开篇:"大学之道,在明明德,在亲民,在止于止善"。"止于止善"表达了对人生或对事业达到最完美境界的追求。

美盡東南

李瑞清雕像

05

梅庵琴缘

2018年11月28日,东南大学被认定为古琴中华优秀传统文化传承基地

 美尽东南

王宾鲁

　　王宾鲁（1867年—1921年），字燕卿，山东诸城人，清末民初音乐教育家、古琴家。1916年经康有为介绍，应南京高等师范学校校长江谦之聘，在南高师梅庵授琴，培养了许多杰出的古琴家，和徐立孙一起奠定了梅庵琴派之基。

05 梅庵琴缘

1916年，山东著名古琴家王燕卿受南高师校长江谦之聘，来到南京，开设了全国高等院校第一个古琴课程，成为中国历史上第一个进入高等学府，从事古琴教育的古琴家。

在南高师四年半的时间里，他"每日入授课梅庵中，抚桐引操，捤擪习习，微音攒越，余响飘迈，闻者皆祛烦忧而感心志"。松下结庐处，他撰写讲义，培养学生，修订琴谱，为以后梅庵琴派的创立和兴起奠定了根基。

王燕卿授琴处（梅庵游园）

师从王燕卿学习过古琴的南高师南通籍学子徐立孙、邵大苏，于1929年在家乡创办了梅庵琴社，编成《梅庵琴谱》，传播古琴及文化，日积月累，终成一派，名曰"梅庵派"，因"先生授课梅庵中，因以名谱焉"，不忘师恩。

《梅庵琴谱》书影
（影印本，书林书局2015年6月版）

从20世纪50年代开始，徐立孙的学生吴宗汉，先后将梅庵派古琴艺术传入中国香港、中国台湾及美国，享誉天下，成为中国古琴史上的一大盛事。美国航天局曾选取世界名曲20首到太空播放，其中就有中国的古琴曲。

在台湾时，吴宗汉曾怀念梅庵道，"清末书画家清道人之梅庵旧址，六朝古松苍劲环拱，祖师王燕卿先生即授琴其中"，"对此梅庵派古琴之发祥地"，后

徐立孙先生

吴宗汉先生

来者应永记。梅庵派第四代传人，王丹在梅庵前曾动情地说，"梅庵是祖师操缦的祖坛，是梅庵琴人魂牵梦绕的圣地"，是"每一代梅庵人怀念的地方"。梅庵、梅庵派，已成为中国古琴文化中闪亮的标识。

梅庵之所以成为梅庵派的滥觞、传承之所，源于南高师所传承的李瑞清的艺术教育思想。

李瑞清是中国近现代艺术教育的奠基人和先驱。他在两江师范设立了我国高等教育的第一个艺术专科——图画手工科。他最早提倡新学，将"欧西画法，直接由国人率先推行于新艺术教育上"，为我国培养出第一批师范类美术教育师资，以及张大千、胡小石、姜丹书等一大批书画优秀人才。他提倡对学生的培养要科学、国学、艺术并重，学生要有较好的全面文化素养和专业技能，眼界开阔，富于创新。他的艺术人才观不仅构成了东大艺术教育的历史，而且形成了东大自己特有的艺术文化特色和传统，如古琴著名的梅庵派。

梅庵派创始人徐立孙、邵大苏均就读过南高师，深受李瑞清、江谦艺术教育思想的影响。西乐师从李叔同，国乐师从王燕卿、沈肇州，中西兼学，主副结合，深悟其道，善作善成，为梅庵派的创立和发展，打下了坚实而深厚的艺术文化基础。

梅庵派是中国数千年古琴历史中最新的近现代流派，也是当前影响最广、最流行的古琴流派。古琴常被人们视为是文人雅士的"标配"，其曲也是"阳春白雪"，曲高和寡，常人不可及。"泠泠七弦上，静听松风寒，古调虽自爱，今人多不弹。"古琴艺术曾一度局限在"文士""孤芳自赏"的"怀古"中，远离了时代和社会，透出"颓势"和失传的危险。梅庵派则如一股春风，给古琴坛带来了新的生机和活力。它吸收了西乐的艺术性，一改唯尚古雅的琴风，重视演奏的技巧和节奏、旋律之美；借鉴西乐简谱的做法，给琴谱标明点拍，方便学习和传承；同时吸收了民间音乐的风格，增强了感染力和亲和力。这些积极的革新措施，使梅庵派的古琴乐成为雅俗共赏的艺术，受到广泛的认可和赞扬。兼容并蓄，博采众长，尊重传统，但又不固守传统，是梅庵派成功的关键，也是李瑞清（梅庵）先生艺术教育思想的又一实例。

《梅庵琴派研究》
王廷信　主编　东南大学出版社
2020年10月版

"月影梅庵，风翻琴谱。"琴因梅庵而兴，梅庵因

纪念梅庵琴派诞生百年暨古琴传承国际学术研讨会上代表演奏古琴

琴而雅。梅庵不只是东大艺术教育的一个纪念性地标,更是海内外梅庵派琴友向往的根祖之地,吸引着他们慕名前来。梅庵是梅庵派琴友共同的精神家园,激励他们不忘前辈潜心古琴的岁月,传承发扬古琴的文化和艺术,保护好中华优秀传统文化中的这一瑰宝。

2017年12月23日,在学校的支持下,纪念梅庵琴派诞生百年暨古琴传承国际学术研讨会在东南大学顺利开幕。除研讨会外,其间还举办了古琴雅集、古琴音乐会,来自海内外的50余名学者和琴家参加了此次盛会。

今天的梅庵虽已无琴声,但操琴意境仍在,风雅之气犹存。弹奏古琴,学习古琴文化,陶冶个人情操和艺术修养,是不少琴友不懈的追求。"天下琴人是一家",梅庵是琴友们向往的雅集之处,他们会在此缅怀先贤,抚琴交流,续写梅庵古琴的历史。"虚室绝尘想,清歌散新声",李瑞清书写的这副对联,道出了梅庵派的价值取向和艺术情趣。

2003年11月，联合国教科文组织将中国的"古琴艺术"列入第二批"人类口头和非物质文化遗产代表作"名录。2019年，"东南大学古琴基地"正式揭牌，成为教育部首批中华优秀传统文化传承基地，梅庵与古琴又一次结缘，成为新时代下古琴文化在东大再次辉煌的起点。

梅庵不仅是梅庵琴派的发祥地，也是东大优秀传统文化的重要标志。建校120周年时，东大在九龙湖校区依照1923年时的梅庵样式，建造了"印象梅庵"，

"印象梅庵"中的古琴鉴赏
新华日报·交汇点记者　文莉/图

人们听古琴、学古曲、画梅花、写书法，体验了文化雅集课堂的"梅庵"魅力。四牌楼沙塘园新辟的"梅庵书院"，则集中展示了李瑞清先生生平、书法，成为传承、研究梅庵文化的"新天地"。

梅庵之于东大，为根脉之所系。

06

红色历史中的梅庵

美盡東南

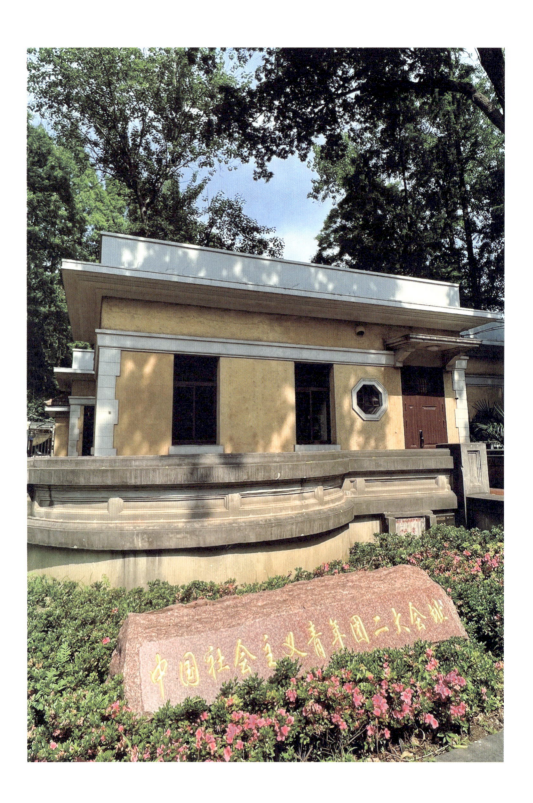

06 红色历史中的梅庵

东南大学是一所具有悠久历史的高校。在1919年五四运动爆发后的第五天，1919年5月9日，南京以南高师、金陵大学学生为主体的大中学校6 000余人，就在小营操场集会，支持和声援北京学生。南高师校务主任陶行知等在会上发表演说，表达了誓雪国耻的决心。会后还举行了全体示威游行，向省督军、省长递交了请愿书，开启了南京五四运动的序幕。

五四运动期间，南京各学校成立了学生联合会，带领南京学生参加五四运动，联合会的会长就是南高师的青年学生黄曝寰，联合会出版发行的《南京学生联合会日刊》更是南京历史上第一本宣传马克思主义的刊物，对南京党的建设和革命产生了深远的影响。

20世纪20年代，梅庵曾是南高师的会议、讲习之

美盡東南

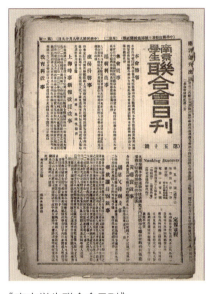

《南京学生联合会日刊》
（来源：南京党史网）

载于 1923 年 11 月 27 日《时事新报》
（上海）的《东南评论社消息》
（来源：东南大学档案馆）

所，梁启超、胡适之都曾到此讲过学。随着马克思主义和新文化运动在中国的兴起，梅庵的历史也揭开了新的一页。

1921 年 5 月，学校进步学生谢远定（1922 年入党，1928 年牺牲）、吴肃（1922 年入党，1939 年牺牲）等，以"马克思主义研究会"的名义，在梅庵举办读书会，创办了宣传新思想的《东南评论》。同年 7 月恽代英等人在梅庵组织召开了少年中国学会第二次年会。1922 年 5 月，谢、吴等人在梅庵召开南京社会主义青年团成立大会，正式通过了《南京社会主义青年团简章》，成为南京地区的第一个中国社会主义青年团组织，全国最早的 15 个团地方委员会之一。1923 年 8 月 20 日至 25 日，中国社会主义青年团在梅庵召开第二次全国代表大会，确立了社会主义青年团服从党的领导，开展青年群众工作的根本宗旨，奠定了社会主义青年团的发展方向和道路，是党领导下的中国青年运动史上的重要篇章。毛泽东代表中央到会并讲话，瞿秋白、邓中夏、张太雷等一批早期的重要共产党人出席了大会，并做了精彩的演讲。梅庵也因这次会议，在中国革命史和中国青年运动史上留下了自己的名字。

梅庵是当时马克思主义在南京地区的传播中心，党团组织重要的活动基地。如果说那时的南高师相当于南京的"北大"，那么，梅庵就是它的"红楼"。

随着南京共产党组织的建立和发展，梅庵又成为党组织开展社团活动、发动群众的重要阵地。其中最著名的是1924年在梅庵成立的南京社会科学研究会，通过读书报告、演讲讨论，宣传马克思主义和党的主张。1925年2月，为促进国家和平统一的国民会议的召开，南京国民会议促进会在梅庵召开，推动了南京国民会议运动的开展。梅庵是南京城区中共第一个党小组（1923年）的诞生地。解放战争期间，中央大学中共地下党组织将梅庵作为一个秘密活动点。梅庵的这些红色印记成为它历史上最辉煌的记忆和篇章。虽然1932年草堂梅庵被拆，但它红色的基因并没有中断。

东南大学校史上一共涌现出13位革命先烈，他们都在梅庵旁学习、生活和斗争过。当年梅庵初期革命活动的主要组织和领导者，东大学子谢远定、吴肃都是中共早期的党员和重要骨干。他们为党的事业赴汤蹈火，英勇奋斗，直至献出了自己宝贵的生命。梅庵是他们走上革命道路的起点和摇篮，他们是在大革命时代实践了"嚼得菜根，做得大事"校训的光荣代表。

2021年，梅庵作为中国社会主义青年团第二次全国代表大会会议旧址，入选江苏省爱国主义教育基地。"团二大"是青年团发展史上一次极其重要的会议，也是唯一一次在高校举行的团的全国代表大会，是东大校史中最珍贵的红色资源。今天的梅庵，陈列着69件从俄罗斯档案馆复制的"团二大"全套会议记录材料，再现了当年"茅屋"中会议的场景，洋溢着当年青年共产主义者身在茅屋、胸怀天下的凌云壮志，和

谢远定

吴肃

红色历史中的梅庵

中国社会主义青年团第二次全国代表大会史料展梅庵纪念场馆

"指点江山""激扬文字"的革命豪情,青春的热血在梅庵奏出了时代的最强音。

从初期的三间中式茅屋,到今天的西式小筑,梅庵在岁月的风雨中走过一百多年,一百多年里,它的精神文化和历史价值在不断地延续、升华。从为纪念李瑞清始建,到成为今日红色教育的地标,从宣扬中国传统的优秀文化,到传承中国共产党人的红色血脉,梅庵一直在与历史同步前行。

梅庵有无数革命前辈为东大人留下的宝贵精神遗产,是东大历史文化中红色传统的源头,它必将不断激励东大人,不忘初心,砥砺奋进,为它增添新的荣光。

东大开展红色梅庵专项青年大学习,新一代东大学子在梅庵前宣誓

07

东大第一馆

郭秉文

1880年-1969年 字鸿声 江苏江浦人
1918年-1922年 任南京高等师范学校代校长、校长
1921年-1925年 任东南大学首任校长

 美尽东南

郭秉文

郭秉文（1880年—1969年），字鸿声，江苏江浦县（今南京浦口区）人，教育家，中国现代高等教育事业的先驱。1896年毕业于上海清心书院，1908年赴美留学，成为中国最早的教育学博士。1915年起，先后任南京高等师范学校教务主任、代理校长、校长。1921年出任国立东南大学首任校长，开创了东大的第一个鼎盛时期，被称为"东南大学之父"。

美盡東南

东大第一馆

07 东大第一馆

国立东南大学成立时,图书馆条件非常有限,只有口字房中的10间屋用于藏书和阅读。为此,时任图书馆主任的洪范五先生向郭秉文校长建议:一所理想的大学必须有一个条件完善的图书馆。郭秉文校长及校董会也深感"本校之急务,莫切于图书馆"。在新规划的校园建设中,图书馆被列为"一号工程"最先启动。

时值军阀割据,兵荒马乱,建馆经费一时难以落实。校董会特向社会发出《东南大学图书馆募捐启》,提及东南大学之设,"筚路蓝缕,万事草创,而建馆购书,为万事中尤急之一","而创建图书馆合同人力求将佰捐资倡导,其道无由",呼吁新建图书馆之重要和急迫,并定出《东南大学图书馆募捐章程》:愿独资捐建者,即以其别号命名。

1923年东南大学孟芳图书馆外景

1923年东南大学孟芳图书馆内景

经郭秉文校长多方奔走，并亲函江苏督军齐燮元得到首肯，以其父亲齐孟芳名义捐巨资15万银元，建馆并置配套设备。1922年立基，1923年建筑落成，1924年6月25日行落成礼，耗资16万银元。建成后，命名为孟芳图书馆。图书馆是东大校园新规划后建成的第一座重要建筑，为东大第一馆。由郭秉文撰写的《孟芳图书馆记》，记载了图书馆的建造史。

孟芳图书馆面积达730多平方米，功能齐全、设备

《孟芳图书馆记》石碑

美畫東南

先进，达到当时世界大学图书馆的现代化水平，为全国大学之冠。1925 年，美国著名图书馆专家鲍士伟博士访华时曾评价道："用最新办法办理图书馆事业，新式避火图书馆房屋之建筑，现有二处，南京东南大学图书馆和北京清华学校图书馆是也。"

孟芳图书馆（扩建前）四周外立面饰以爱奥尼柱，入口处有三角形门楣和山花外檐构成的门廊，建筑为西方古典式风格，高大庄重，匀称典雅，"规模宏大，美轮美奂"，令人耳目一新，是 20 世纪初期中国大学图书馆建筑中的优秀作品之一。门廊上，中国近代实

业家、教育家张謇手书的"图书馆"三个金字，熠熠生辉，闪耀着中国传统文化的气韵。1923年的四面廊柱的孟芳图书馆，颇有些古希腊神庙的风韵。如同交响乐团的首席小提琴一样，孟芳图书馆的建筑风格为四牌楼校园中心区的整体风貌奠定了基调。

孟芳图书馆的"西洋"风格，也是郭秉文校长办学思想的一种表现。国立东南大学摒弃了三江、两江"中体西用"，一味模仿日本的做法，是根据现代科学体系和教育思想以及欧美大学模式构建的中国新型多学科综合大学。作为新大学文化风气的重要载体，东大馆舍、校园"西风东渐"，均按照欧美大学模式设计和建造。19世纪末，美国哈佛大学校长查尔斯·威廉·艾哈特曾有一句名言："图书馆是大学的心脏。"孟芳图书馆在实现东大现代转型中确起到了领风气之先的作用。

郭秉文校长对东大提出了"四个平衡"的办学理念，即通才与专才的平衡、人文与科学的平衡、师资与设备的平衡、国内与国际的平衡，体现了科学精神与民族文化的结合，直到今天仍有一定的指导意义。

今孟芳图书馆入口的四根爱奥尼柱仿佛就是这四个平衡的象征。如果说，四根爱奥尼柱撑起了图书馆的形象和气势，那"四个平衡"就是撑起了东南大学

美盡東南

百年辉煌的"四根爱奥尼柱"。不知是历史的巧合，还是建筑风格上的协调，后来建成的科学馆、生物馆、大礼堂的正立面都有四根爱奥尼柱，成为民国时期东大标志性建筑的一个特征、一种"标配"。"四柱式"外立面记录了东大开创者们在精神和文化上的追求，也是"四个平衡"理念在东大历史上留下的印记，是时代的产物。

1933年为满足事业发展的需要，由杨廷宝等人设

1933年东南大学孟芳图书馆外景

计，学校对孟芳图书馆进行了扩建。东西两侧加建了阅览室，北面加建了书库。扩建的部分与原馆"无缝衔接"，珠联璧合，浑然一体。扩建后的孟芳图书馆更加富有层次，端庄大气，有殿堂之感，成为孟芳图书馆的华彩终章。

东大筹建孟芳图书馆时，几乎手无分文，要建世界水平的图书馆，很有点异想天开的味道。但东大的创办者们并没有气馁妥协，降格以求。他们千方百计，穷思竭力，终建成了当时国内大学最先进的、具有世界水平的图书馆，为东南大学的开办送了一份隆重的"剪彩礼"。他们对卓越的追求和坚持确实令人敬佩，这或许就是东大"止于至善"精神一个生动的诠释。

洪范五（洪有丰）先生是孟芳图书馆历史上的另一位重要人物，他不仅发起募捐建馆，还在历时两年多的建设中，与美国设计者共同精心设计、精心规划，力求达到最先进图书馆的要求。孟芳图书馆建成后，他亲任馆长，建立起科学的管理制度和组织架构，增加馆藏，服务读者，在孟芳图书馆前后工作了近20年，为东大图书馆事业的发展奠定了坚实的基础。

抗日战争全面爆发后，国立中央大学西迁，洪范五先生冒着敌机轰炸的危险，将图书馆的重要藏书、期刊及部分仪器装箱，克服各种艰难险阻，运至重庆

《图书馆组织与管理》 洪有丰著

1937年6月洪范五题签"国立中央大学图书馆概况"

国立中央大学原校长罗家伦先生在台北洪范五追思会上写下的挽联

沙坪坝总校,并因陋就简修建了新图书馆,维持运作。抗战胜利后,洪先生又将所剩藏书运回南京孟芳图书馆,"光复凯旋"。罗家伦校长对此曾评论说:"此固有赖于全校同人之努力,然范五先生在艰苦中维持之功,自亦不能不为表彰,因为这是他对学术界实在的功劳,绝不可湮灭。"南京解放前夕,洪先生恪尽职守,护校护馆,将孟芳图书馆完好地交到了人民的手中。他就像图书馆前青白高耸的石柱,默默无华,却撑起了巍巍大厦。

百年风雨,孟芳图书馆今天已不再具有图书馆的功能了,但它所蕴含的东大创业的历史和文化价值,对东大图书馆事业所作的贡献,永远是东大校园中的一个经典,彪炳史册,激励后人。

美盡東南

 美尽东南

洪有丰

洪有丰（1892年—1963年），字范五，安徽省绩溪县人，中国图书馆学家，中国近代图书馆事业的奠基人。曾先后任国立东南大学、清华大学、国立中央大学图书馆馆长，图书馆学教授。对我国学校图书馆的建设和发展有重大贡献，其《图书馆组织与管理》一书，填补了我国图书馆学教材的空白。

08

强健东大

08 强健东大

四牌楼校区体育馆1922年立础，1923年建成，与20世纪20年代建成的图书馆、科学馆（今健雄院）、生物馆（今中大院）并列为当时东大的"四大名馆"。它与同时立础、建成的图书馆，为东大开办之初在新校园首先建成的两个标志性建筑，有立校的象征意义。

体育强则学生强，体育强则学校强。东南大学有着重视体育的办学传统，其前身南高师的首位校长江谦就曾说过："以强健的身躯行教育事业，这就是南高师体育教育的宗旨。"为此，不论何科，南高师学生体育课都是必修的，晨起一律参加早操，组织各种运动队进行比赛。1916年，南高师在全国率先开设了体育专修科，培养体育人才，成为中国体育教育的诞生地。

强健东大

体育馆内学生上体操课

东大首任校长郭秉文进一步发展和推动了江谦校长的体育教育思想，提出了"三育并举"的办学宗旨。三育，一是坚强的体魄，二是充实的精神，三是道德、艺术和才识。"体育是德、智两育的基本。"西谚云："健全之心寓于健全之身。""孱弱之身，难以任重道远，亦不足以表示优秀国民之完全人格。"对学校，他"则重体育之普及"，对于个人，"则重全局之发展，务必使人人得到健康之幸福"。为此，他一上任就在学校行政委员会中专门设立了体育部，努力改善学校的体育设施和装备，把建设体育馆提上议事日程。为解决建馆经费不足的困难，他在报上募捐的启事中疾呼："我国需要体育亟矣……民力柔靡，国力何持？今日青年再无良好体育之训练，则异日之国民即无健全体格与品性，其关系岂不重乎？"对体育重视之烈，对体育馆建设之切，跃然纸上。正是在郭秉文校长的多方奔走呼吁下，才克服了资金不足等一系列困难使体育馆得以建成，满足了学校倡导体育和师生健身之需。体育馆凝聚了老一代东大创办者健民强国的热烈情怀，和对东大学子健康成长的殷殷期盼。

体育馆位于四牌楼田径场西北，坐西朝东共三层：一层有举重器械、乒乓球室、浴室和锅炉设备等；二层为木地板的篮球场，也可用于排球、体操、羽毛球等多项运动；三层为一室内环形跑道，四周看台可容纳观众近2 000人，其规模和功能为当时国内高校之最。

体育馆青砖墙、拱形窗，东立面屋顶中央有刻有"体育馆"字样的圆拱，对称装饰着英式的三角形小尖顶、烟囱。二层入口突出的门廊前有露天的西式扶梯，双路上下，平实别致。整座建筑中，中"色"为体，西式为形，古朴素雅，简洁庄重。站在门廊前的平台上居高远眺，天高地阔，神清气爽，有着放飞的愉悦、运动的冲动。

从20世纪20年代开始，四牌楼体育馆与相邻的

强健东大

昔日体育场运动场景

运动场，一直是学校体育活动的中心，除体育课外，各种课余体育活动也在此进行。体育馆内篮球、排球、乒乓球，田径场上的跑、跳、投掷运动，足球场上的奔跑呼喊……使校园里流动着青春的力量和光彩，充满了活力和朝气。东大始终坚持"健康第一"的教育理念，帮助学生在体育锻炼中享受运动，增强体质和品格，成为国家和民族需要的、能担起历史责任的青年。东大学子们在老体育馆留下了运动的汗水和身影，用青春的热情赓续和丰富了东大的体育精神和文化，使它代代相传，深入每一位东大学子心中。

郭秉文校长还在南高师体育专科的基础上设立了体育系，聘请了美国体育学者麦克乐先生来校执教，直接引进了西方近代体育的先进理念和方法，培养了如吴德懋、吴蕴瑞、夏翔、徐镛等日后推动中国体育事业发展的栋梁。体育馆是当年东大体育系教学、科研、训练的基地，也是东大体育系学子"学艺"、事业"起步"的摇篮。这里不仅培养出了一批中国体育的精英和领军人物，还走出了许多优秀的体育工作者和体育教师，他们传播体育精神，强健青年体魄，成为中国体育事业重要的筑基者群体。

四牌楼校区的运动场和体育馆，也都在中国奥运史上留下过自己的印迹。中国参加奥运会第一人，短跑选手刘长春，曾在四牌楼校区运动场接受过近一年训练，最终取得了1936年8月柏林奥运会的参赛资格。

1925年吴德懋参加华东大学联合运动会
（吴德懋，1903年—1942年，著名体育家、体育教育家，中国近现代体育先驱）

强健东大

麦克乐先生的孙子麦伟龙先生与体育系师生留影

在同一场地，短跑明星黄两正参加了1948年伦敦奥运会的赛前培训，并创下了男子400米栏的全国纪录，直到1953年才被打破。1948年，四牌楼校区老体育馆是中国奥运会篮球队训练和生活的场所。

1926年，东大体育系首任主任麦克乐先生离开执教近10年的四牌楼校园回国。90年后的2016年，麦克乐先生的孙子麦伟龙先生应邀访问东大，追寻他祖父的足迹，感受风貌依然的体育馆。他带来了1926年他祖父回国时，体育系同仁在体育馆前欢送留影的老照片，并在同一地点，与今日东大体育系师生合影，作为他此次中国之行的纪念，以及对他祖父在东大岁月的崇敬和怀念。他带来的麦克乐先生生前保存的老照片，则成了四牌楼体育馆和东大体育史上极其珍贵的影像资料，丰富了东大体育文化的内涵。时隔90年的这次中美体育文化交流，是东大体育史上的一段佳话，也表达了东大人对麦克乐先生为东大体育事业所作贡献的思源之情。

四牌楼体育馆历经百年，见证了东大体育的兴勃和辉煌，是东大体育历史和文化的亲历者、传播者和传承者，成为东大体育精神的代表和家园，激励着一代代东大学子，在强健体魄和人格的路上奋跑。

强健东大

 美尽东南

麦克乐

麦克乐（C.H.McCloy）（1886年—1959年），美国人，中国近代体育史上著名的外籍专家。1915年来华，1916年应聘为南高师体育专修科主任、教授。1921年后曾任国立东南大学体育系主任、全国体育研究会主席、中华业余运动联合会书记等职，1924年回美后，仍从事培训我国高等体育师资的工作。在华期间，创办了《体育与卫生》杂志，并著有大量体育著作，为近代中国的体育教育做出了重要贡献。

09

泰戈尔演讲的风波

 美尽东南

泰戈尔

泰戈尔（1861年—1941年），印度著名作家、诗人，诺贝尔奖获得者，一生共来过中国3次。1924年首次访华时，曾在东大体育馆做过演讲，轰动一时。1929年，泰戈尔又来了2次中国，对外没有公布任何消息，也没有外出演讲。

09 泰戈尔演讲的风波

在四牌楼大礼堂建成前,四牌楼体育馆不仅是学校的体育健身之所,亦是学校重要的集会、讲学之处,英国哲学家罗素、美国教育家杜威、印度诗人泰戈尔,均在此做过演讲。泰戈尔在四牌楼体育馆的演讲是他来华后的首次演讲,曾被当时广大青年寄予厚望,虽有"众人鼓掌",但也引起不少青年人的义愤,迫使演讲中断,演变成了一场不大不小的风波。

五四运动前后的新文化运动,是中国近现代史上一次伟大的思想解放运动,"以民主与科学"为代表的新思想、新文化,震撼和动摇了中国千年之久的旧传统、旧文化的根基,开启了人民群众的觉悟和反帝反封建民主革命的新时代。俄国十月革命的胜利,马克思主义在中国的传播,以及1921年中国共产党的成立,为中国革命指明了道路和方向。

1923年，中国思想文化界有过一场"科学与人生观"的论战，一方是以梁启超和张君劢为代表的"玄学派"，他们认为，科学只能指导物质生活，而哲学才能指导精神生活，西方文明属于物质文明，东方文明属于精神文明，因此东优西劣，只有东方文明才能救中国。他们的唯心主义观点遭到了以丁文江、胡适为代表的"科学派"，和以陈独秀、瞿秋白为代表的"唯物史观"派的共同批判，很快就"丢盔弃甲"，一败涂地。恰巧在此时，梁启超、徐志摩主持的讲学社向印度著名诗人、诺贝尔奖获得者泰戈尔发出了访华的邀请，这不禁使人怀疑，"玄学派"们企图假借泰戈尔之名，挟洋自重，卷土重来。恽代英则公开表示："几个中国的'玄学鬼'搬来泰戈尔的目的，是为他们张目。"

鉴于泰戈尔的特殊身份，他在中国文化界和青年界中的影响，以及对中国和东方固有精神、文化持有的保守主义立场，使以陈独秀、瞿秋白为代表的中国共产党人和左翼文人担心，他会成为旧文化的代言人，助推旧传统的复辟，不但无益于中国发展的前途，而且有很不好的影响。泰戈尔在东南大学体育馆的演讲，证明了他们的分析和担忧并不是空穴来风，毫无道理。

泰戈尔演讲的风波

1924年4月20日下午,在郭秉文校长的陪同下,泰戈尔在刚落成不久的东南大学体育馆发表了一次演讲,轰动了当时的南京城。演讲当天,体育馆内聚集了从各处赶来的约7 000名听众,是泰戈尔在华演讲中人数最多的一次。全场座无虚席,人多到甚至压坏了二楼的一个横板,气氛热烈,盛况空前。

在演讲中泰戈尔谈到了他在中国的观感,赞扬了中国人民的团结与勤劳,同时强调了"今世界障害文化之恶魔势力如猛兽者甚多,排除责任,在于青年;排除方法,不在武器,当以道德势力,精神势力,相团结,发挥伟大之感化力,以贯彻人类和平亲爱之主旨。近世文明,尚物质,并不为贵。亚洲民族,自具可贵之固有的文明,宜发扬而光大之"。

泰戈尔演讲处(体育馆)

泰戈尔在东南大学之演讲（1924年）

泰戈尔的这番言论，与中国"玄学派"的说辞，如出一辙，立刻在左派青年学生中激起强烈的反对。他们散发传单，批驳泰戈尔的观点，呼喊口号"快让他回国去吧！"。有激动者，甚至抡起板凳，要砸向泰戈尔，场面一度十分尴尬，泰戈尔也为之震撼，不知所措。泰戈尔在东大体育馆演讲的风波也蔓延到了全国。瞿秋白公开发文称"泰戈尔显然和孔孟是一路货色"；郭沫若批驳泰戈尔"无原则的非暴力宣传是现时代的最大的毒物""是有产阶级的护符，无产阶级的铁锁"；陈独秀则对泰戈尔呼喊"请不必多放莠言乱我思想界""谢谢你罢，中国老少人妖已经多得不得了呵"。恽代英主办的《中国青年》专门增发了"泰戈尔专号"，批判泰戈尔访华的"反作用"。

泰戈尔访华时的中国，内有军阀，外有列强，社会动荡，民不聊生。1923年2月7日，还发生了北洋军阀吴佩孚残酷镇压京汉铁路罢工工人的"二七"惨

泰戈尔演讲的风波

恽代英与《中国青年》

案。那时的中国，苦难深重，内忧外患，急需的是救亡图存、发奋图强的国民革命，而不是泰戈尔讲的"亚洲文化"的"感召力"。泰戈尔所倡导和宣传的所谓东方传统文化，根本救不了当时的中国，也与当时中国社会前进的方向极不协调，犹如"痴人说梦"般不着边际。泰戈尔热爱中国，对中国人民也一直怀有友好的感情，只可惜他"声"不逢时，他的东西文化观并不适合当时的中国之情。"道不同不相为谋，志不同不相为友。"正如鲁迅先生所说："人近而事古的，我记起了泰戈尔。他到中国来了，开坛讲演，人给他摆出一张琴，烧上一炉香……说得他好像活神仙一样，于是我们地上的青年们失望，离开了。神仙和凡人，怎能不离开呢？"东大体育馆中青年学生与泰戈尔的"斗争"，就是一种"离开"的方式，只是表现得有些"激烈"罢了。

由于不断有反对和批评的声音，泰戈尔压缩了他演讲的场次，缩短了在华的时间，于1924年5月29日启程回国。临行前，他针对反对者们的行为说："我是绝对不会存心与他们作对，我没有力量来阻碍他们健旺与进步的前程。"透出了几分委屈，几分歉意，也有几分无奈。随着泰戈尔的离去，中国复古的东方文化派们也失去了仅有的最后一点"吸引力"，从而为中国国民革命高潮的到来做了一次思想文化上的动员。

东南大学体育馆泰戈尔演讲的风波已经过去了近百年，至今仍有人在讨论其中的孰是孰非，其实历史早已做出结论，谁代表了中国历史发展的方向和劳苦大众的利益，谁就是大是者。当年东大学子在体育馆内疾愤的呼号，似乎还在耳边回响，那是觉醒了的中国青年的革命的呐喊。他们对"洋人""名人"不迷信，不盲从，敢于说"不"，表现了当时中国革命青年的志气、勇气、骨气和抱负，成为留给今天东大人最可宝贵的精神遗产。

10

生物(系)馆之回眸

美畫東南

10 生物（系）馆之回眸

国立东南大学生物系成立于1921年，是中国第一个由中国学者主持的大学生物系，又被称为中国第一生物系，首任系主任为中国生物学先驱秉志先生。成立之初的东大生物系条件有限，并无自己独立的教学、办公之处，最重要、最丰富的动植物标本室、仪器实验室、图书资料室等，都设在南高师留下的口字房主楼中。1923年12月11日夜，口字房突发大火，生物系两年多"积蓄"的精华，全部毁于一旦。秉志先生为此悲伤过度而晕倒。胡适先生在给郭秉文校长的信中，感慨此次火灾为"中国高等教育何其不幸"，可见损失和影响之大。出于对秉志先生和生物系对东大贡献的尊重，以及学科发展之需要，学校校董会决定筹资10万银元，为生物系新建系馆，美国洛克菲勒基金会也给予了赞助。1929年生物馆（新馆）落成，

1929年生物馆外观

1933年生物馆外观

时隔6年，生物系终于有了自己独立的系馆，内有实验室、标本室、教室、研究室等现代教学研究条件，成为四牌楼校园中的一处新地标。

东大郭秉文校长曾有将东南大学建成"东方剑桥"的计划，下设文哲院、工艺院和农艺院，但只有生物馆按计划建成，成为他"东方剑桥"之梦的唯一硕果和寄托。

生物（系）馆之回眸

动物生理研究室

生物学动物标本室

1933年生物馆重修，将两层的门廊加高为三层，饰有恐龙等史前动植物图案浮雕，代表生物馆的学科特色。虽然后来生物馆有过多次的加扩建，但其主立面的风貌一直保持至今，没有大的变化。

1952年，全国高校院系调整，四牌楼原国立中央大学本部改为南京工学院，理科的生物系被迁出，结束了它在四牌楼校区20多年的办学史，生物馆（今中大院）是它在母校留下的唯一纪念和标志。

作为中国高校生物系的肇始，东大生物系白手起家，励精图治，开科授

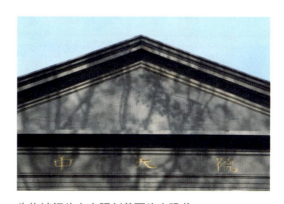
生物馆门头上方阴刻着两头小恐龙

课，培养人才，成为中国现代生物学的摇篮。秉志、胡先骕等一批东大生物系的创建者们，为了实现科学报国、科学自强的理想，在经费拮据、条件简陋的情况下，自编教材，自采标本，自购仪器，忠信笃教，严谨治学，奋力开拓，开创了中国生物学许多新的专业和学科领域，取得了丰硕的成果，为国家培养了一大批杰出的生物学人才。王家楫（"中央研究院"院士、中科院学部委员）、伍献文（"中央研究院"院士、中科院学部委员）、杨惟义（中科院学部委员）、寿振黄（动物学家）、曾省（昆虫学家）等，都出自秉志先生门下，成为我国20世纪科学界和教育界的骨干力量。

秉志及其藏书

名师高徒，群星璀璨，蜚声中外。曾有人说，若无南高师/东大生物系，中国生物学历史将是另一番模样。

20世纪20年代，东大一个系一般只有1~2名教授，而生物系却有秉志、胡先骕、陈桢、陈焕镛、钱崇澍等5名教授，居东大各系之冠，各位教授都是国内本学科领域的领军人物。他们淡泊名利，潜心钻研，不仅创造了许多中国生物界的"第一"，还引领和培

秉 志

胡先骕

陈 桢

陈焕镛

钱崇澍

群星璀璨——东大生物系的创始者们

育了追求真理、献身科学、严肃认真、诲人不倦的师风和系风。大师们的人格风范则穿越时空，成为生物系永远的文化传承、精神财富，生生不息。

生物馆规划于东大，落成在中大，中大生物系与东大生物系一脉相承，承前启后，续写辉煌。1933年，罗宗洛先生在系内建立了具有当时现代化设备的植物生理实验室，1945年郑集先生筹办了中国第一个培养研究生的生物化学研究所，1948年郑万钧先生和胡先骕先生发表"活化石"水杉新种，轰动了国内外学术界……1948年"中央研究院"生物组25位院士中，中大生物系就占了9位，分别是秉志、胡先骕、陈桢、王家楫、伍献文、贝时璋、童第周、殷宏章、张景钺，其中原东大生物系的有五位，显示了东大/中大生物系的强大学科优势。

生物馆奠基于南高师/东大生物系，实建于秉志等大师之手。生物馆（今中大院）一直是人们心中中国现代生物学发源地的象征，也是生物学人寻祖溯源，追寻秉志等老一辈先驱大师风范的敬仰之地，是一座神圣的学术殿堂。

大师辈出的东大/中大生物系、生物馆，是东大百年史上一篇耀眼的华章，学子们心中的一座丰碑，校园中一个历史的呼唤，给人以创造和生命的力量。

典雅的孟芳图书馆，恢宏的大礼堂，有着大师之气的生物馆（中大院），三者不仅构成了校园地理上的中心，也是使人知书（图书馆）、达礼（理）（大礼堂）和成学（生物馆）的文化"圣所"。

大师殿堂

 美尽东南

秉 志

秉志（1886年—1965年），满族，字农山，原名翟秉志，河南开封人。著名动物学家，中国现代动物学的主要奠基人，现代生物学教育的启蒙者、开拓者，1921年在南京高等师范学校创建了中国的第一个生物系。先后任教于南高师、国立东南大学、国立中央大学、复旦大学等。民国"中央研究院"首批院士，中国科学院学部委员（院士），为开创和发展中国生物事业做出了历史性的贡献。

11

大礼堂拾撷

 美尽东南

罗家伦

罗家伦（1897年—1969年），字志希，笔名毅，浙江绍兴人。中国近代著名教育家、思想家和社会活动家，"五四运动"的学生领袖和命名者。曾任清华大学、国立中央大学校长。抗战期间，主持了中大西迁重庆，在艰苦的条件下，坚持学校发展，使中大成了全国名副其实的最高学府。

11 大礼堂拾撷

东南大学（四牌楼校区）大礼堂位于整个校园的中心，是1921年东南大学新校园规划中最后建成的一个重要建筑，也是东南大学最重要、最具有象征意义的建筑。民国时期国立中央大学的校徽和今日东南大学的校标中央的图案都是这座令人难忘的大礼堂。

大礼堂建于1931年，是当时全国最大的礼堂。球形的穹顶、三角形的门楣、爱奥尼式的列柱，欧洲文艺复兴时期这些经典的建筑元素，构成了它古典而独特的建筑风格。有穹顶，但非教堂，庄严而不肃穆；有列柱，但非神庙，典雅而不奢华。朴素大气的大礼堂正面（南立面），充满了深厚的历史感和人文情怀。匀称而和谐的布局，呈现出大礼堂平和而协调的气韵，让人心旷神怡。灰白一色的墙体，在阳光和绿色

美盡東南

穹顶外景

穹顶的辉映下，显得坚实而纯朴，宛如一座高洁的学术圣殿。穹顶中央，用于采光的八角亭式的"宝塔顶"，红椽绿檐，古色古香，尽现中国传统

穹顶内景

的建筑之美，与穹顶中西合璧，相得益彰，成为大礼堂高处的一个亮点和"顶尖"之作。

1965年由著名建筑大师东南大学杨廷宝教授主持设计，在大礼堂两翼加建了两座三层的教学楼，不仅拓展了大礼堂的功能，而且使正立面更有层次，视野更加开阔。90多年过去了，大礼堂依然气势恢宏，在今天国内众多的校园建筑中卓尔不凡，独树一帜，成为典范。

大礼堂不仅是校园位置的中心，也是校园气质的中心。四牌楼校园虽在市中心，却不喧闹嘈杂。"神之所至，气亦至焉。"大礼堂雍容高雅、神清气定的风度，使校园"心远地自偏"，充满了宁静淡泊、心志专一的"读书"气氛。大礼堂的悠然之气，使人再无浮躁。大礼堂又如一位德高望重的大师，庄重沉稳，

气宇轩昂，令人敬畏。它的博大精深和历史般的胸怀，在每个东大学子心中激起强烈的求知渴望和期待，树立起不负期望、奋发努力的志向。古老的庄严和青春的纯真，奏出了校园最美的乐章。

走进穹顶下的八角形大礼堂，仿佛是"天似穹庐，笼盖四野"的另一种意境，眼前"天"高"地"阔的"敕勒川"，让人心驰神往，"诗"（思）想飞扬。中国古文化中八角形整体和谐、包容共存的寓意，也体现在了大礼堂均衡和谐的建筑风格中。东方与西方，内涵与形式，古典与现代，在大礼堂自然地相交相融，美不胜收。

大礼堂一直是学校重要的集会中心，也是校园中一些重要历史事件的亲历者和见证者。1931年"九一八"事变后，全国学生抗日救国会多次在大礼堂举行会议，发出强烈的救亡呼声。1935年，中大1 000多名学生在大礼堂开会，声援北平"一二·九"爱国学生运动。1937年8月，全面抗战爆发后，日寇飞机曾4次飞临学校上空，投弹扫射，使大礼堂、科学馆、图书馆遭到了不同程度的破坏。时任校长罗家伦曾对着弹坑悲愤地表示"寇能覆之，我必能兴之"，发出了坚决抗战和抗战必胜的最强音。为了铭记那段沉重悲怆的日子，东南大学师生在首个国家公祭日

烛光中的覆兴坛

（2014年12月13日）到来前，在大礼堂前搭建了一个高2米多、面积近20平方米的"覆兴坛"，以"覆"哀悼逝者，以"兴"激励来者。"勿忘国耻，圆梦中华"，新一代东大人的铿锵誓言，仿佛是77年后，罗家伦校长当年的矢志之声，又一次在大礼堂前响起。风云变幻，斯人已逝，唯有巍峨的大礼堂和它所宣示的家国情怀，仍历久弥坚，昭告后人。

除穹顶的铜绿外，大礼堂外立面均为水泥石粉的本色，不鲜不亮，色彩平淡。墙线横平竖直，没有任何"飞檐流阁"的装饰。整个建筑朴实低调，不事张扬。因此有人评价大礼堂缺乏一种激情，加上浅灰色的外表（清华礼堂是红色），就更不显眼了。确实，大礼堂不够华丽，缺少光彩，也没有什么亮眼之处，但它却有着深厚的历史文化内涵。大礼堂的"不显眼""缺乏一种激情"，就是东大校园淳朴敦厚、不尚浮华文化素养的一种表达。简约之美方为大美。内秀外敛的大礼堂启示人们：与华丽的外表相比，一个人的人品和品位更为重要。大礼堂虽然"低调"，却一直是受人景仰的东大风格的代表。

据说，杨廷宝教授身前曾交代，将来大礼堂周围的建筑，高度不要超过大礼堂。杨老的嘱咐，不只是为了保护四牌楼校园的历史风貌，更是要守住东大校园强而不矜的文化传统。

大道至简是大礼堂的精神追求，简而不凡是大礼堂的魅力所在。

钟训正院士眼中的大礼堂

12

"大放光明"的科学馆

美盡東南

12 "大放光明"的科学馆

在郭秉文校长的办学理念中，图书馆是知识的宝库和自习的"书房"，科学馆是研究和学术的中心，体育馆是体育课和健身的基地，都是现代大学必需的基础设施和条件。首建三馆，是郭秉文校长新校园建设的第一步。1923年，图书馆和体育馆相继建成，而科学馆建设却还在纸上。

东大初创时，图书馆和实验室都在口字房中，1923年12月的一场大火，使生物系、物理系的实验设备，7万多件动植物标本和3万多册图书尽成灰烬，损失40多万银元，"师生皆失色""失声痛哭"。郭秉文校长在口字房的废墟上，镇静而坚定地鼓励师生，"祸兮福所倚，火能毁之，我能建之"，"乌云过去，必大放光明，赖吾人自立奋斗"。事后，全校教职员工在体育馆集会，柳诒徵、邹秉文教授呼吁大家与学校共渡

美盡東南

时艰，一致通过决议，教员各捐薪一月。学校学生自治会号召每位学生各捐20银元，并向社会义宣筹款，全校师生共捐得10万多银元，用于灾后的恢复重建。在学校危难之际，全体东大师生团结一致，迎难而上，表现出了爱校爱科学的崇高精神境界。在向政府申请重建经费无果的情况下，郭秉文校长和校董会与美国洛克菲勒基金会协商，希望在口字房的原址上建科学馆，获得基金会一次性赠款20万美元。1924年科学馆破土动工，1927年建成。新馆落成后，洛氏基金会又捐助了5万美元帮助购置仪器和设备。东大科学馆堪称当时全国一流，"大放光明"。全校师生勠力同心，终于完成了"首建三馆"的夙愿。科学馆是一座具有纪念意义的地标，记载了东大师生牺牲小我、捐款建馆的义举。

口字房外观

科学馆（新馆）外观（1927年）

"大放光明"的科学馆

物理实验室　　　　　　　　　　地质学系脊椎古生物标本室

科学馆外观为简化的西方古典样式,门廊只有4根爱奥尼柱,没有三角门楣和其他装饰,简洁明了,极富"理性"。主(南)立面的3个拱券形门套,坡形的红屋顶,屋顶上的老虎窗、烟囱,似乎还有着口字房的遗韵,那是历史的印痕。科学馆建成后,主要为理学院数学、物理、地理、地质及化学系的教学、科研、实验用房,是理学院的主馆,名副其实的科学之地。

1937年5月26日,世界著名的物理学家,丹麦的尼尔斯·玻尔先生应邀来南京访问,到访了国立中央大学,讲了"原子物理中的因果性",并在科学馆做了题为"原子核"的讲演,成为科学馆历史上的一件盛事。

胡刚复、叶企孙、吴有训、严济慈、赵忠尧、施士元等名师,都曾先后于东大、中大理学院执教、著

119

书立说、教书育人，为中国科学界培养了大批优秀人才。东南大学首任物理系主任胡刚复先生，创建了中国最早的物理实验室（1918年），首先开设了近代物理课程，他的学生钱临照先生认为"胡先生是第一个把真正的物理学引入中国的"，是中国物理学的主要源头之一。从南高师、东南大学到中央大学，理学院曾向国内很多高校输送人才，成为许多中国物理学家成长的摇篮和出发地。口字房、科学馆的岁月中，有他们的历史业绩和身影，也是他们在四牌楼校园的丰碑。

科学馆外表虽然比较"平淡"，却有一间很有名气的教室——致知堂。致知堂是一间圆形的阶梯教室，北高南低，南面是讲台和可以用于板书的大黑板，台阶上的课椅从讲台前一层层地向上铺展开去，如梯田一般。致知堂主要用于大班的公共课和基础课，也是举行小型集会、学术研讨和讲座的重要场所，许多知名学者、专家、大师都曾在此教过课，讲过学。世界著名物理学家、"东方居里夫人"吴健雄（1934年毕业于物理系），"两弹一星"功勋奖章获得者任新民院士（1934年入学化学工程系），黄纬禄院士（1936年入学电机系）都曾在此上过课，成为致知堂历史上的荣耀。2009年5月19日，任新民院士回到了阔别70年的四牌楼校园，专门来到致知堂，回忆当年听课的

"大放光明"的科学馆

致知堂

1992年6月6日,吴健雄夫妇参加母校90周年校庆

任新民

黄纬禄

经历,寻找教室和课椅的感觉。许多在致知堂上过课的学子,也都对它有一份特殊的情感,印象深刻,念念不忘。

从1923年到1937年,理学院经历过两次大的"折腾",一次是口字房火灾,一次是"空室清野",科学馆全部仪器设备西迁。天灾与战祸,虽然情况不同,但师生们都表现出了大我(国家、学校)的情怀、不屈的风骨,形成了战胜一切艰险的强大凝聚力和向心力。

火灾"催生"了科学馆,西迁培育了伟大的西迁精神。西迁完好的科学馆仪器设备,为西迁后的中大如期开学提供了重要的条件保证,"教学标准没有比南京降低"(罗家伦语)。这里培养出"两弹一星"功勋奖章获

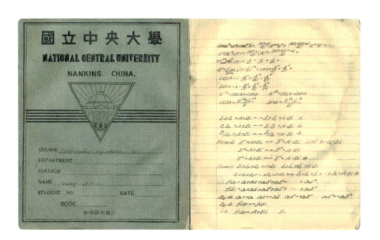

黄纬禄先生笔记

得者朱光亚院士（1941年入学重庆国立中央大学）、钱骥教授（1943年毕业于重庆国立中央大学）、冯端院士（1946年毕业于重庆国立中央大学）等一批国家栋梁之材，师生中后来有100多人当选为中国科学院和工程院院士，在中国的抗日教育史上留下了浓墨重彩的一笔。

作为口字房的继承者，西迁壮举的亲历者，科学馆用自己的"身世"向世人表明：只要"自立奋斗"，就能"大放光明"。

 美尽东南

吴健雄

吴健雄（1912年—1997年），江苏苏州人，美籍华人。核物理学家，在β衰变研究领域有世界性贡献，世界最杰出的实验物理学家之一。中国科学院外籍院士，美国国家科学院院士，美国艺术与科学院院士，台北"中央研究院"院士，被誉为"东方的居里夫人"。

13

谢了幕的
工艺实习场

 美尽东南

江 谦

江谦（1876年—1942年），字易园，道号阳复子，安徽徽州婺源（今江西上饶婺源）人，中国近现代著名教育家，中国近代高等师范教育事业的先驱。曾任通州师范学校、南京高等师范学校校长，江谦十分重视实学、体育教育，开全国风气之先。

谢了幕的"工艺实习场"

现四牌楼校区的校史馆，原是1918年所建的南京高等师范学校的工艺实习场，南高师唯一的建筑遗存，四牌楼校园中历史最长的建筑。

工艺实习场是一座"其貌不扬"的二层西式楼房，方方正正，给人以勤朴之感。建筑西南角的墙中嵌

摄于2015年的工艺实习场

谢了幕的"工艺实习场"

有一块石碑，上刻"南京高等师范学校工场立础纪念民国七年十月建"楷书繁体字样。一层门上有一石刻匾额，上有繁体的"工艺实习场"字样，透着悠远的历史气息。工艺实习场内设有木工、金工、铸工、锻工等工艺实习用设备，是南高师工艺专修科及后来东大、中大重要的工艺实践基地。

20世纪初，实业救国的思潮在全国兴起，大办实业成为一种历史时尚，培养所需人才成为当务之急。为此实业救国的代表人物张謇先生大声疾呼，"苟欲兴工，必先兴学""实业之所至即教育之所至"，认为开办学堂，引进西学，培养专门人才，才是实业之本。1916年江谦先生出任南高师首任校长，身体力行了张謇先生以实业为本的办学理念，提出国家富强有赖于科学、实业的实科教育思想，在南高师积极筹措，开设了农业、工艺、商业3个与经济实业密切相关的专修科，突破了"师范"的局限，开全国师范学校设立工科之先河，是后来东大机械系（院）的始源。

"欲发达中国之工业，便培养工业专门

南高师工艺实习场

之人才。"工艺专修科始于培养机械制造工艺职业教育的师资，工艺实习场是专科进行技术训练的场所。江谦校长提倡两汉学风，信行"能耕能读""知行合一"，认为实践训练是人才培养不可或缺的必需。他在通州师范学校任校长时，就"定农业为师范必修科"，并建农场"为师范诸生习农之所"，实现"能耕"之实践。工艺实习场开启了我国工程教育"能读能工"的早期实践，是江谦校长办学理念在工科教育上的体现。

为了办好实习工场，除购置必需的器具设备外，江谦校长还专门聘请了欧美工学专家，进行高深工学的训练和研究，使工艺实习场一开始就走上了近代教育的轨道，是当时全国最早、条件最好的实习工场之一。1921年国立东南大学设立工科机械工程系，茅以升为工科主任，教育家杨杏佛为工艺实习场主任，开

工艺实习场学生训练

谢了幕的"工艺实习场"

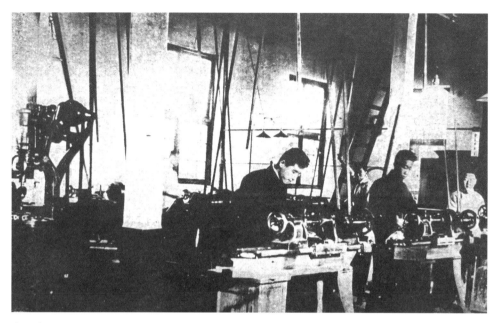

金工实习

木工实习

始了本科生的培养，是我国大学最早的机械学科之一。工艺实习场的实践教育对象也从师专生转变成了本科生，虽然层次和内容都有了变化，但能读能工的要求并未变化，只是更高更严了。重视动手能力的训练，一直是东大机械系的优良传统，并沿袭至今。

与三江师范相比，南高师实现了从单一师范到专修多科，从"中学为体"到"三育并举"（训育、智育、体育）的转变，使学校声誉日隆，多处领全国之先。工艺实习场既是这一转变的产物，也是这段历史的实证。

东大时期的工艺实习场为学生提供了良好的学习和实践的环境，成为机械系工程教育的一大优势。学生在课堂上学基本理论和技能，在工艺实习场通过实际操作，加深对书本知识的理解和把握，提升自己的认知水平和解决实际问题的能力。工艺实习场不仅满足了学生教学实习的需要，还起到了校办工厂的作用，为学校的教学、科研制作一些非标准的、满足特殊需要的仪器设备，可以反复试验、修改，为师生提供了便利。机械系的铸造等专业，还将科研实验项目放在工场进行，提高了科研的效果和效率。工艺实习场为东大高水平的实验教学、创新研发提供了重要的物质保障，做出了历史性的贡献。随着后工业化时代的到来，传统工业的退出，工艺实习场也完成了它的历史使命，向人们谢幕告别。

在东大100多年斑斓多彩的历史中，工艺实习场就是一片不起眼的树叶。这里没有出过什么"名人"，也没有什么"惊天动地"的伟业，它总是默默地、脚踏实地地为东大做好自己的每一件事，尽力为每一位师生服务，帮助他们完成教与学的任务。正是工艺实习场、图书馆、实验室、标本室、资料室……这一片片"树叶"，保证了东大这棵"大树"茁壮茂盛，生命常青。

当人们在校史馆仰望那些灿若星河的名人、大师们时，也别忘了脚下这片曾是工艺实习场的土地。

成为校史馆的工艺实习场，为四牌楼东大之"根"的历史之义添上了浓墨重彩的一笔。

美盡東南

14 南大门上风云

 美尽东南

杨廷宝

杨廷宝（1901年—1982年），河南南阳人，建筑学家，教育家。曾任国立中央大学建筑系教授，南京工学院建筑系主任、副院长，中国科学院学部委员（院士）。主持或参与了南京中央体育场、北京和平宾馆、人民大会堂、人民英雄纪念碑、北京火车站、毛主席纪念堂等一批历史性建筑设计。

14 南大门上风云

四牌楼校区的南大门是校园的正门,至今已有90多年了,历经风雨沧桑,承载着学校走过的岁月和变迁,有着丰富的历史和文化意义。

南大门于1933年由著名建筑学家杨廷宝先生设计建造,为西方新古典风格的柱廊式城门结构,端庄雄伟,有着德国勃兰登堡门的形神,三间四柱,方柱额枋,又有着中国传统牌坊古朴庄重的特征。中西合璧的南大门,没有任何多余的装饰、图案、雕刻,简约朴素、沉稳大气,显示出高等学府圣洁高雅的风华。90多年间,南大门几乎没有什么变化,只有额枋上的校名随着时代变化而更换,而每一次更换又都伴随着一个新的开始。

1928年国立中央大学(中大)成立后,因"易长风潮"而动荡不已。1932年8月罗家伦先生"临危受

美盡東南

国立中央大学校门（1930年代）

命"出任中大校长，1933年南大门建成，镌刻在南大门额枋上的"国立中央大学"，填金楷书，方正稳健，预示着中大将由"乱"到治。在罗家伦校长"安定、充实、发展"治校方针的指引下，中大终于走出了涣散的阴影，迎来学校鼎盛发展的时期。即使在抗战西迁重庆的艰苦条件下，中大依然坚持发展优先，成为名副其实的全国最高学府。南京沦陷后，四牌楼校园被日军侵占他用，南大门上的中大校名也被日军用日文机构名占盖，蒙耻8年。1945年抗战胜利，中大复原东还（南京），南大门上的"国立中央大学"校名重见天日，再现光彩，闪耀着学校不屈的精神和抗

国立南京大学校门（1949年）

争奋斗的荣光。南大门既见证了中大悲壮的西迁，也见证了它凯旋的东还，是中大抗战胜利的"凯旋之门"。

1949年4月南京解放，8月，南京市军管会正式发文，"国立中央大学"更名为"国立南京大学"。南大门上，六块刻有"国立南京大学"的木牌，遮住了"国立中央大学"的字刻，代表一个旧时代的结束和一个新时代的开始。遒劲大气的新校名，使南大门气象一新，成为四牌楼校园迎接新中国诞生的"解放之门"。

1952年百废待兴，国家急需工业建设人才，在全

南京工学院校门（1952年）

国高校院系调整中，以原中大工学院为基础，以四牌楼校园为校址，成立了多科性的工业大学——南京工学院，全国著名的"四大工学院"之一（其余三所为大连工学院、华南工学院、华中工学院）。刻有"南京工学院"校名的南大门见证了一个个青年学子进门报到入学，完成学业后，又从南大门出发，奔赴全国各地去贡献自己的才智和力量。36年中，南京工学院为新中国的工业化建设和教育科研事业培养了一大批高层次的专业人才，受到社会的广泛赞誉。刻有"南

南大门上风云

东南大学大门

京工学院"的南大门,曾是南工辉煌历史的标志,也是为国家输送人才的"建国之门"。

20世纪80年代,改革开放潮起,带动中国高校发展进入了快车道。作为单一工科大学的南京工学院,其学科结构已不能满足面向现代化、面向世界、面向未来人才培养的需求,在这一重要的历史节点上,学校的决策者们决定,继承当年东大先贤们的雄心壮志,创办全国一流、有国际影响的综合性大学——"新的"东南大学。1988年6月6日,在四牌楼校园

东南大学丁家桥校区大门

南大门举行了隆重的"东南大学"复更名庆典,当黑底金字的"东南大学"校名出现在南大门额枋上时,标志着东南大学在67年后,又开启了一个新的纪元,南大门是"新"东南大学的"复兴之门"。

事实证明,东南大学的复名不仅为学校的事业发展提供了更广阔的空间,而且增强了学校的历史文化感、全校的凝聚力和奋斗力,实现了从"工科强校"到"综合性研究型大学"的提升。一名之功,带来了四牌楼校区、丁家桥校区、九龙湖校区,"新"东大

东南大学九龙湖校区大门

的蓬勃兴旺。

从国立中央大学到国立南京大学（南京大学），再到南京工学院、东南大学，每个时代的学校，都在南大门上留下了自己历史的印记，把校国情怀刻进了南大门的一柱一缝中。南大门是东大历史的一座纪念碑，铭记着它的奉献和功勋。虽然后来增加了丁家桥校区，东大主体也已迁往九龙湖校区，但在人们心目中，四牌楼的南大门依然是东大最美的"面相"，东大的"第一门"。

东大首任校长郭秉文先生曾以"钟山之崇高、玄武之恬静、大江之雄毅"来比喻东大的校风和精神（国士的风度和气节），建在原南高师/东大主校门原址上的南大门，在历史文化的传承中，又用自己的经历和形象，对这一比喻做了更生动的诠释，更完美的展示。

15

1933 年的主轴线

15 1933年的主轴线

历经11年，经过东大、中大两个时期的建设，到1933年，东大校园规划中的一批重要建筑，孟芳图书馆、体育馆、大礼堂等相继建成，形成了今天四牌楼校园的基本框架、风貌和主轴线，虽近百年，依旧风范不减，大气磅礴。

四牌楼校园的主轴线，南起南大门，北至大礼堂，由长约200米的中央大道相连。主轴线实际上并不在校园中线的位置，而是在它的东南侧。东大建校时，校园的北部几乎都被占满，规划中的重要建筑基本上都建在了校园的东南，形成了校园中新的主体和主轴线。

主轴线北端的大礼堂是整个校园的中心，它与南边主轴线东西两侧的生物馆（今中大院）（东）、孟芳图书馆（西），呈品字状排列。相似又相望的孟芳图书馆与生物馆，如同双星捧月，衬托出大礼堂在整个

1933 年的主轴线

校园居中的地位和气势，它和中心花坛（广场）构成的中心区，绿茵（荫）环绕，开放有序，对称协调，奠定了四牌楼校园古朴典雅的格局和风格。1933年后的90多年中，校园里拆除了许多旧建筑，也建了不少新建筑，但不管如何变化，主轴线周围的新建筑都没有突破主轴线的

"红线"，保持了它对称和谐的历史文化格调，那是校园的根和魂。

  主轴线还是一道美丽的风景线。中央大道从南大门直通大礼堂，笔直宽敞，给人以庄重之感。大道尽头的大礼堂，庄严雄伟，有"居高临下"的气派，摄人心魄。大道两侧的大草坪，郁郁青青，恬静安宁。夹道的两排梧桐树，昂立挺拔，夏天林荫送爽，秋天遍地金黄，被称为"最美的200米"。主轴线不再是一条抽象的"虚线"，而是用建筑和绿色勾勒出的一

美盡東南

条实实在在的文化形迹。它的魅力和风度感染了每一个来者，那是校园的诗和远方。

大礼堂前的中心花坛（广场），周围植有绿篱、玉兰、雪松、梧桐，是"书屋"中的"百草园"，充满了大自然的气息和情趣，是四牌楼校园中的"中央公园"。主轴线与东西干道交会于此，闲暇之余，人们常来此散步放松，邀友叙谈，拍照留影。空旷、开放、清朗的空间，使许多学子在"邃密群科"的繁忙中，感受到一份闲适和清静。他们或在此流连，或在此冥

想,品味其中的温馨和抚慰,那是母校对他们的鼓励和关爱。

八角形的中心花坛,不仅是中国传统文化中吉祥和融洽的象征,更有汇八方英才以育之的寓意。中心花坛和谐平衡,简朴规整,代表了四牌楼校园中西和合、静谧稳重的"民国风"。现在的八角形涌泉水池(中心花坛原地),既传承了中心花坛所有的文化内涵,又增加了对母校"滴水之恩,当涌泉相报"的感恩之情。

美畫東南

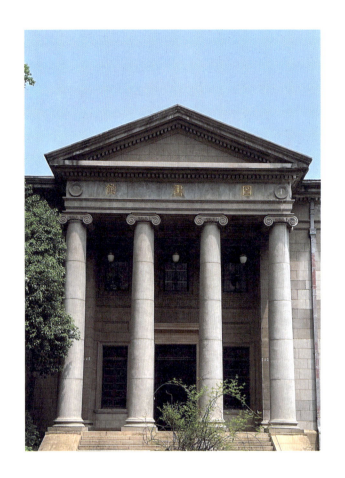

与原规划相比,现在的大礼堂已不与科学馆在同一直线上,而是"稍稍向后,成为生物、图书、科学、工艺各馆之集中点"(美国建筑师白乐的建议),突出了大礼堂的形象和风格。如同中国画留白一样,后退一步的大礼堂,"独立"长空,更有气魄,更加壮观,是无可争议的校园中心,学校的象征。1929年建成的生物馆,是规划中校园的三座核心建筑(另两座为大礼堂、图书馆)之一,南立面入口是饰有爱奥尼柱的两层高的内凹门廊,位置虽与孟芳图书馆"对称",但风格形态却相去甚远。很不相称。1933年重修时,设计师将两层的内凹门廊改为三层高的有爱奥尼立柱和三角山花的门廊,与孟芳图书馆的南入口相仿,如同一对双子星,交相辉映,尽现了主轴线的对称之美。

1933年的主轴线

1933年，主轴线的收官之笔，"最美的校门"南大门建成，为主轴线的建设画上了圆满的句号。"止于至善"，一直是主轴线不懈的追求。

主轴线还是校园的一条历史文化线，建有孟芳图书馆、大礼堂、南大门等标志性建筑，创建了有自己历史文化特色的校园空间。

主轴线的对称文化已是指导校园建设的一个基本原则，产生了深远的影响。在后来孟芳图书馆、大礼堂及生物馆的加（扩）建中，严谨而又恰当的对称，使主体和加建部分达到了高度的统一，实现了历史与现代的完美融合。

站在中央大道（主轴线）上，目之所及，皆是历史，心之所向，皆是景仰。

后记

本书终于在东南大学 122 年校庆之际出版了，了却了自己多年的一份心愿。在这里，我要特别感谢母校黄大卫副校长对本书给予的关心和大力支持。对东南大学出版社白云飞社长、唐允副总编以及王晶编辑为本书辛勤的付出和认真细微的工作，表示衷心的感谢。同时也对校档案馆李宇青副馆长、党委宣传部杭添老师等为本书提供宝贵资料的帮助表示感谢。没有他们，此书是不能完成的。

书虽已收笔，但言犹未尽，书中所述恐不及心中四牌楼校园的万分之一。谨经此祝愿东南大学青春常在，再续辉煌！

2024 年 5 月于南京